A Rua Sem Nome
Uma história de Natal

Etna Lacerda

A Rua Sem Nome
Uma história de Natal

FEB

Copyright © 2012 *by*
FEDERAÇÃO ESPÍRITA BRASILEIRA – FEB

1ª edição – 1ª impressão – 2 mil exemplares – 4/2013

ISBN 978-85-7328-788-2

Todos os direitos reservados. Nenhuma parte desta publicação pode ser reproduzida, armazenada ou transmitida, total ou parcialmente, por quaisquer métodos ou processos, sem autorização do detentor do *copyright*.

FEDERAÇÃO ESPÍRITA BRASILEIRA – FEB
Av. L2 Norte – Q. 603 – Conjunto F (SGAN)
70830-030 – Brasília (DF) – Brasil
www.feblivraria.com.br
editorial@febnet.org.br
+55 61 2101 6198

Pedidos de livros à FEB – Departamento Editorial
Tel.: (21) 2187 8282 / Fax: (21) 2187 8298

Texto revisado conforme o Novo Acordo Ortográfico.

Dados Internacionais de Catalogação na Publicação (CIP)
(Federação Espírita Brasileira – Biblioteca de Obras Raras)

L131r	Lacerda, Etna Oliveira de, 1946–
	A rua sem nome / Etna Oliveira de Lacerda; [Ilustrações: Gustavo Pedrosa de Brito]. – 1. ed. 1. imp. – Brasília: FEB, 2013.
	31 p.; il. color.; 21 cm.
	ISBN 978-85-7328- 788-2
	1. Espiritismo. 2. Literatura infantojuvenil. I. Oficina de arte. II. Federação Espírita Brasileira. III. Título
	CDD 869.3
	CDU 869.3
	CDE 81.00.00

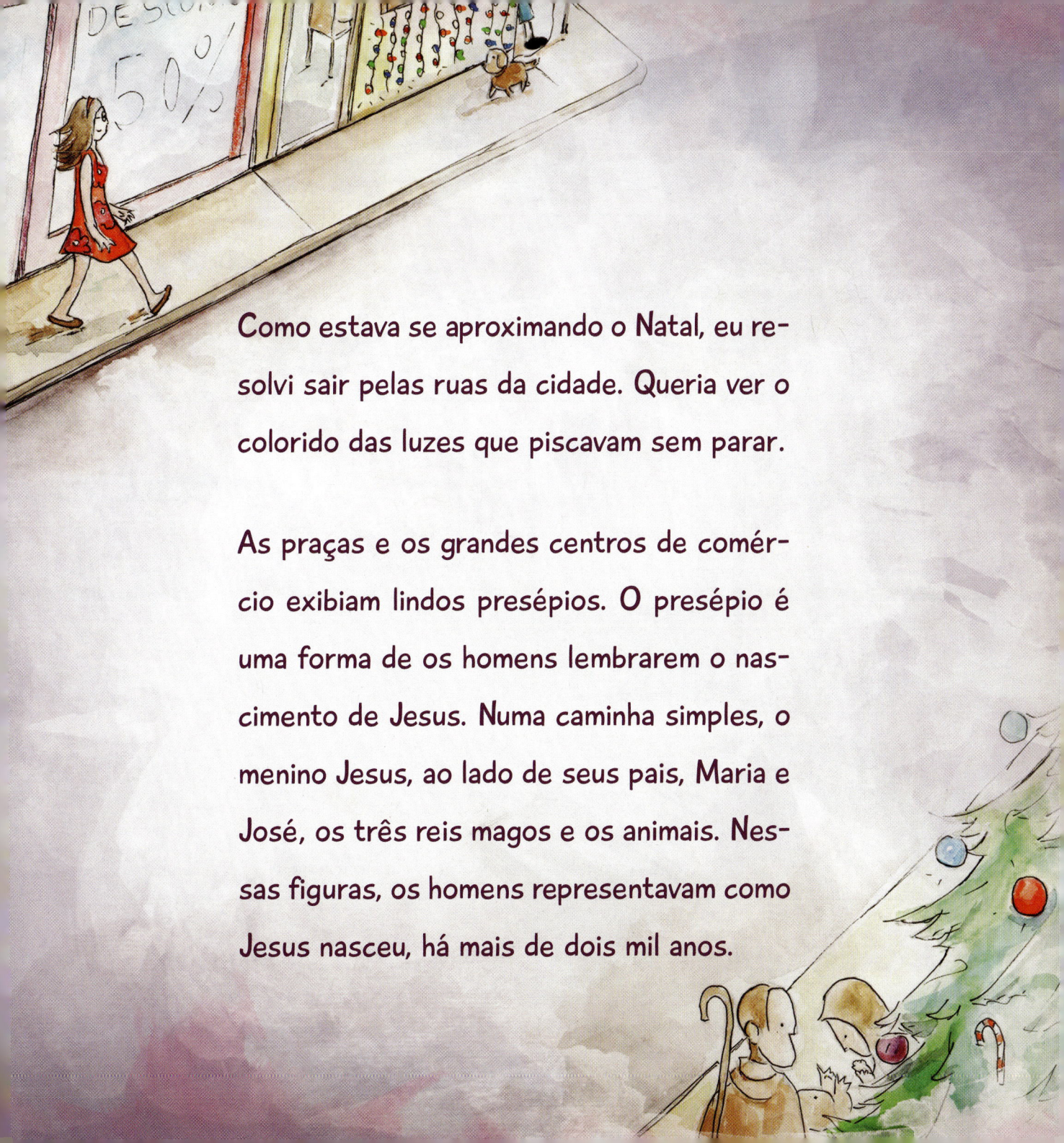

Como estava se aproximando o Natal, eu resolvi sair pelas ruas da cidade. Queria ver o colorido das luzes que piscavam sem parar.

As praças e os grandes centros de comércio exibiam lindos presépios. O presépio é uma forma de os homens lembrarem o nascimento de Jesus. Numa caminha simples, o menino Jesus, ao lado de seus pais, Maria e José, os três reis magos e os animais. Nessas figuras, os homens representavam como Jesus nasceu, há mais de dois mil anos.

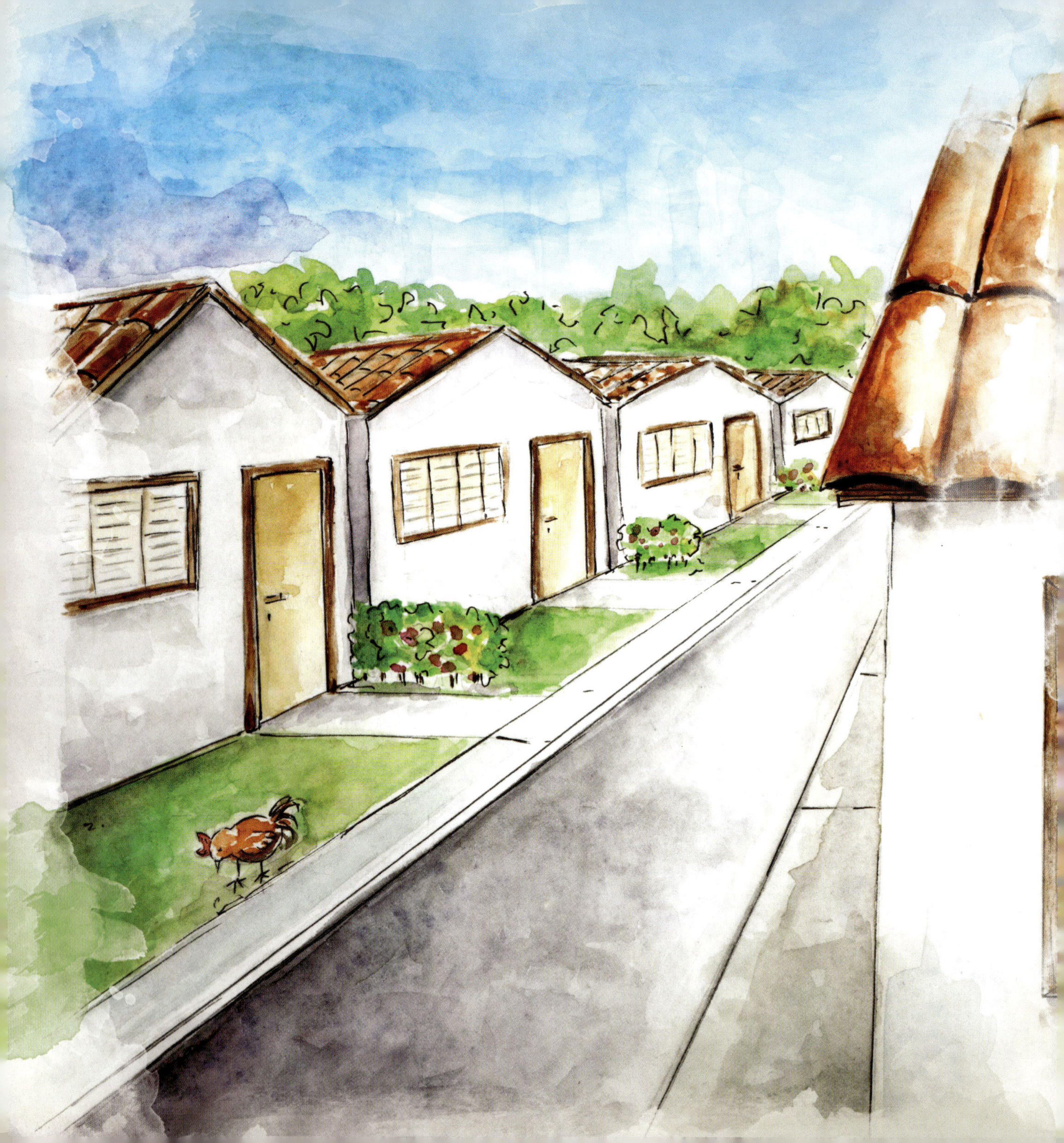

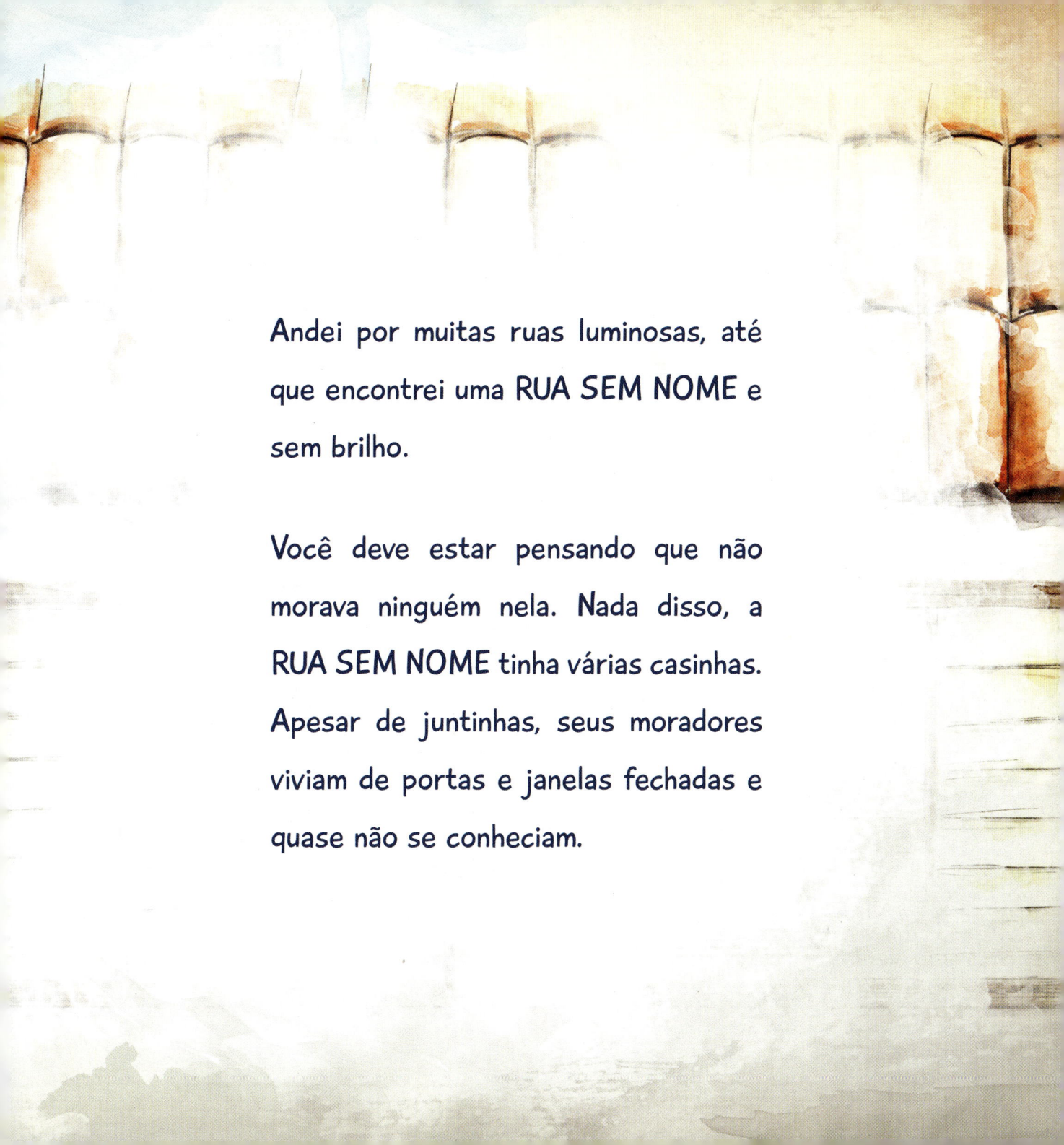

Andei por muitas ruas luminosas, até que encontrei uma RUA SEM NOME e sem brilho.

Você deve estar pensando que não morava ninguém nela. Nada disso, a RUA SEM NOME tinha várias casinhas. Apesar de juntinhas, seus moradores viviam de portas e janelas fechadas e quase não se conheciam.

De manhã bem cedinho, cada um colocava diante de seu portão material descartável para Bené recolher. Bené era um menino que morava com seus pais na RUA SEM NOME.

Ele ganhava um dinheirinho para ajudar em casa, vendendo o material no Mercado dos Recicláveis. Bené era o único que conversava com todos.

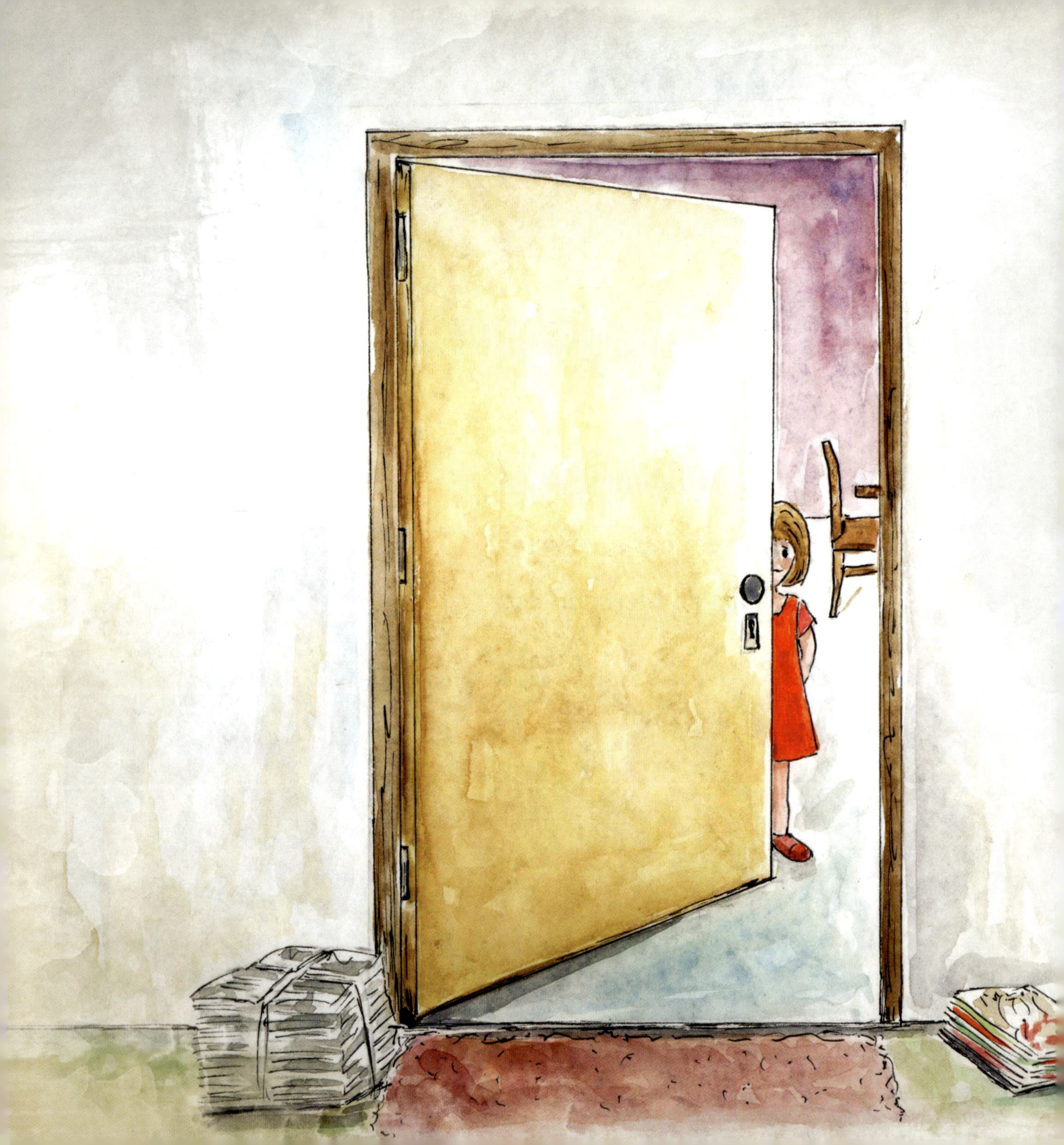

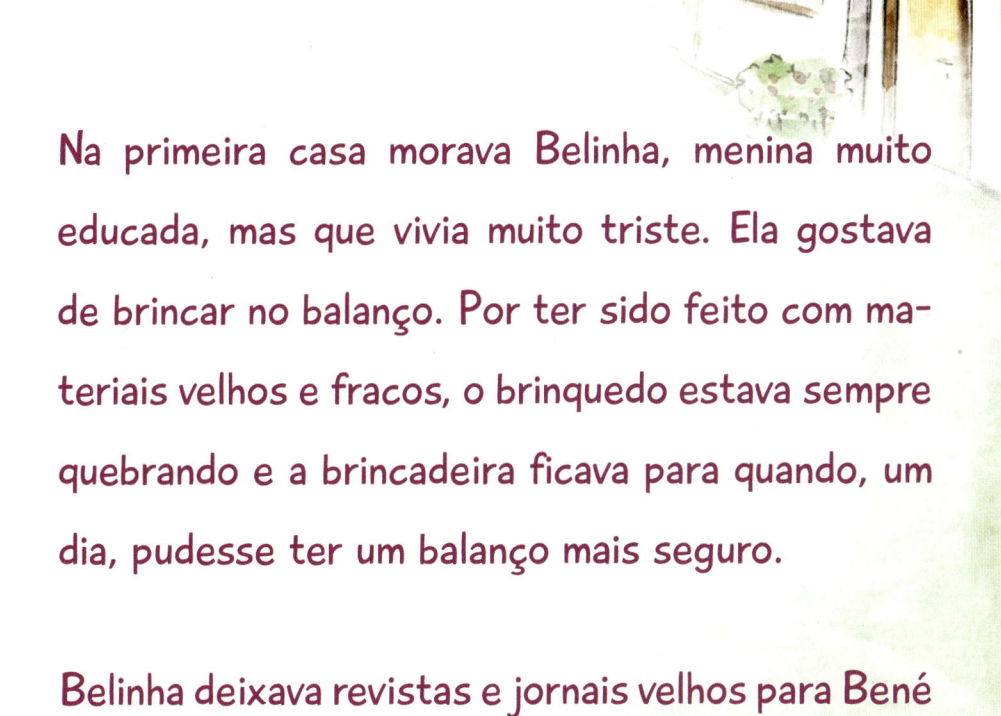

Na primeira casa morava Belinha, menina muito educada, mas que vivia muito triste. Ela gostava de brincar no balanço. Por ter sido feito com materiais velhos e fracos, o brinquedo estava sempre quebrando e a brincadeira ficava para quando, um dia, pudesse ter um balanço mais seguro.

Belinha deixava revistas e jornais velhos para Bené recolher. Depois corria e fechava a porta de sua casa, pois não sabia fazer amizade.

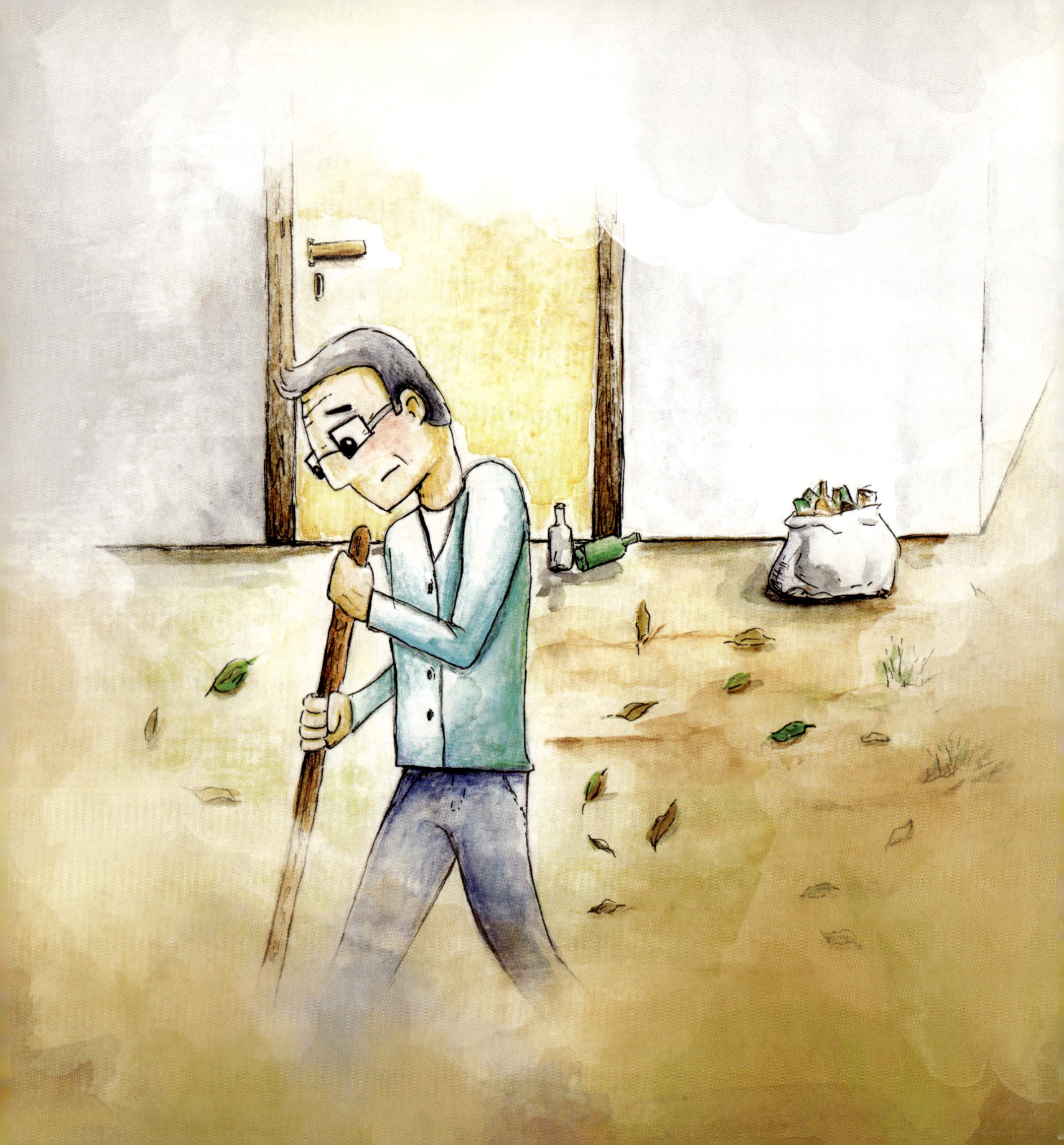

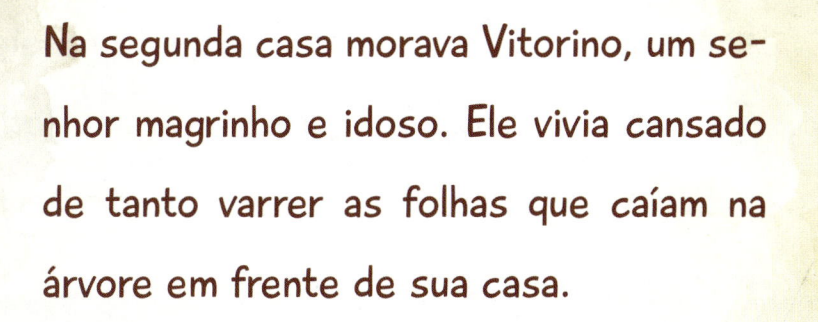

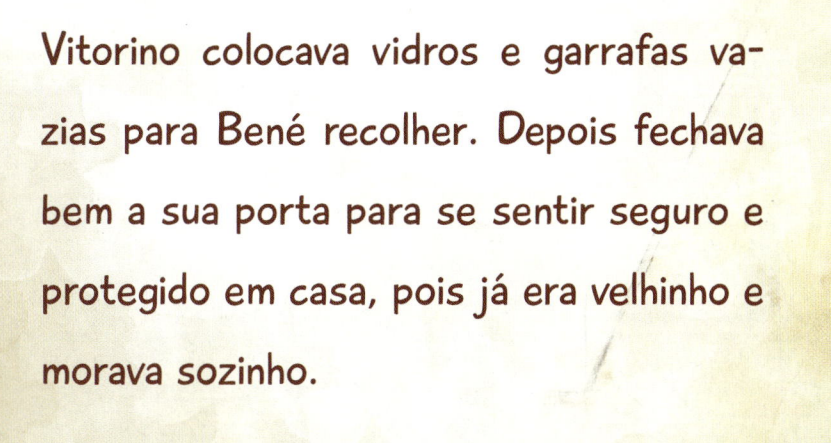

Na segunda casa morava Vitorino, um senhor magrinho e idoso. Ele vivia cansado de tanto varrer as folhas que caíam na árvore em frente de sua casa.

Vitorino colocava vidros e garrafas vazias para Bené recolher. Depois fechava bem a sua porta para se sentir seguro e protegido em casa, pois já era velhinho e morava sozinho.

Na terceira casa residia Donana. Uma senhora simpática, mas que vivia sozinha, sem alegria. Ela não tinha ninguém para conversar. Todo dia procurava na caixinha do correio uma cartinha, mas ninguém escrevia para ela.

Donana colocava muitas folhas de papel para Bené recolher. Eram cartas que ela escrevia, mas não tinha para quem mandar. Depois, tristemente, entrava em sua casa. Nunca falava a ninguém do seu desejo de ter uma família.

Na quarta casa morava Julião, homem alto e fortão, mas muito zangado. Suas galinhas aproveitavam uma abertura no muro para fugir. Isso o deixava muito aborrecido. Julião era pobre e nunca sobrava dinheiro para consertar o muro.

Ele colocava garrafas plásticas para Bené recolher e não conversava com ninguém, pois não encontrava tempo: estava sempre preocupado com suas galinhas fujonas.

E lá, bem no fim da RUA SEM NOME, morava Bené, o menino que recolhia os descartáveis para vender no Mercado dos Recicláveis. Bené vivia contente com seu trabalho, pois graças a ele a RUA SEM NOME estava sempre limpinha. Mas algo preocupava Bené: ele não gostava de ver os moradores da RUA SEM NOME solitários e tristes. Como seria bom se fossem amigos uns dos outros!

Aproximava-se o Natal, época de todos lembrarem o amor ensinado por Jesus. Bené teve uma grande ideia para que todos praticassem esse amor.

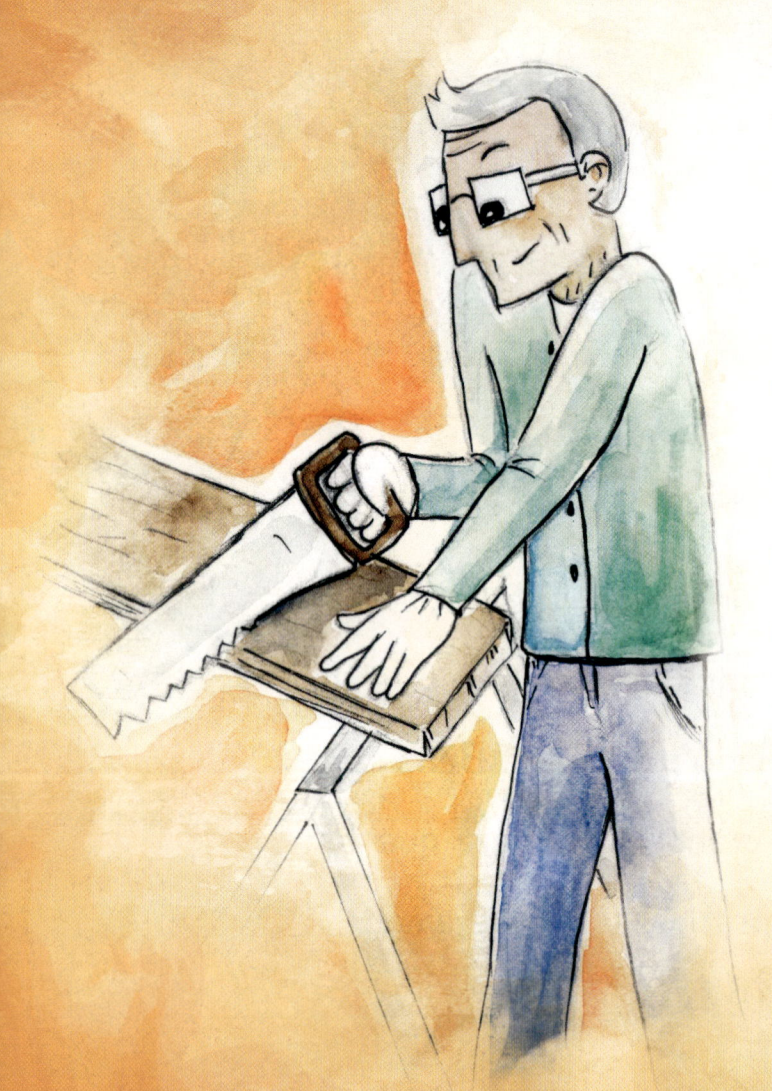

O menino descobriu que Vitorino era um bom carpinteiro. Juntos construíram um balanço de madeira bem forte com a corrente resistente. Na noite de Natal Vitorino daria de presente à Belinha.

Bené sabia que Belinha lia muitos livros e revistas. Por ler muito, por certo, a menina devia escrever bem. Bené sugeriu à Belinha escrever algo bem bonito num lindo cartão de Boas Festas. Na noite de Natal, ela colocaria na caixinha do correio de Donana.

A seguir, Bené procurou Donana e perguntou como poderia ajudar Julião. Ela lhe disse que tinha um dinheirinho guardado e não sabia como gastar. Donana, então, resolveu comprar material para ajudar no conserto do muro da casa de Julião. Assim, o vizinho receberia o que precisava e ele mesmo faria o trabalho.

Em seguida, o menino foi conversar com Julião. Como ele era forte e trabalhador, poderia cortar os galhos da árvore em frente à casa de Vitorino. Julião concordou com a ideia. Ele também resolveu varrer as folhas que estavam acumuladas. E na noite de Natal faria outra bela surpresa ao seu vizinho.

Finalmente chegou o Natal.

Belinha recebeu de Vitorino o balanço lindo e resistente, que jamais vira nas lojas. Agora suas tardes seriam mais divertidas. A menina agradeceu a gentileza e abraçaram-se felizes.

Donana viu que tinha algo na sua caixinha do correio. Que bela surpresa, um lindo cartão natalino com palavras carinhosas, escritas por Belinha. Donana agradeceu e abraçou Belinha como se fosse de sua família.

Julião recebeu o material doado por Donana e tratou logo de reconstruir o seu muro. Agora, ficaria tranquilo, pois suas galinhas não fugiriam mais do quintal. Julião não estava mais com cara de zangado. Donana e Julião abraçaram-se sorrindo.

Na noite de Natal, uma linda árvore iluminava com suas luzes coloridas a RUA SEM NOME. Era a árvore em frente à casa de Vitorino. A bela surpresa que Julião fez ao simpático velhinho. Vitorino agradeceu e os dois se abraçaram como velhos amigos.

Agora, as casinhas da RUA SEM NOME estavam todas de portas abertas recebendo cada um que vinha agradecer. Bené também ficou feliz e recebeu abraços e o carinho de todos. Ele não quis nenhum presente. O melhor presente ele já tinha recebido. Todos se tornaram grandes amigos.

Naquela noite feliz, os moradores da pequenina rua aprenderam o verdadeiro sentido do Natal: a paz e o amor entre todos os seres humanos. **A RUA SEM NOME** tinha agora um brilho diferente de todas as ruas que eu vi.

Esta é a história da RUA SEM NOME.

Depois daquele Natal, Bené sugeriu que a RUA SEM NOME tivesse um nome.

Por causa da alegria que ficou no lugar da tristeza,

pela união que substituiu a solidão de cada um,

pela paz que fez o medo ir embora,

pela satisfação em contar sempre com um amigo,

pela felicidade que cada um sentiu ao fazer o bem,

o nome sugerido foi RUA DO BEM.

Você pode ter pensado em outro nome.

Escreva-o na linha abaixo.

Rua
_____

Só não esqueça:

será que tem alguém que você pode ajudar neste Natal?

Como funciona?

Utilize o aplicativo QR Code no seu aparelho celular ou *tablet*, posicione o leitor sobre a figura demonstrada acima, a imagem será captada através da câmera do seu aparelho e serão decodificadas as informações que levarão você para o *site* da Editora.

Conselho Editorial:
Antonio Cesar Perri de Carvalho – Presidente

Coordenação Editorial:
Geraldo Campetti Sobrinho

Produção Editorial:
Fernando Cesar Quaglia

Coordenação de Revisão:
Davi Miranda

Revisão:
Lígia Dib Carneiro
Davi Miranda

Capa:
Gustavo Pedrosa de Brito
Ingrid Saori Furuta

Ilustração:
Gustavo Pedrosa de Brito

Projeto Gráfico e Diagramação:
Ingrid Saori Furuta

Normalização Técnica:
Biblioteca de Obras Raras e Patrimônio do Livro

Esta edição foi impressa pela Ediouro Gráfica e Editora Ltda., Bonsucesso, RJ, com tiragem de 2 mil exemplares, todos em formato fechado de 210x210 mm. Os papéis utilizados foram o Papel Couché Brilho 115 g/m² para o miolo e o Supremo 300 g/m² para a capa. O texto principal foi composto em fonte Playtime With Hot Toddies 18/30.